신의 경고장

신의 경고장
ⓒ 김부자, 2024

지은이_ 김부자

발 행 인_ 이도훈
편 집 장_ 유수진
교   정_ 김미애
펴 낸 곳_ 도서출판 도훈
초판발행_ 2024년 1월 30일

사무실_ 서울시 서초구 법원로3길 19, 2층 W109호
       (서초동, 양지원빌딩)
전 화_ 02) 595-4621, 010-6722-4621
팩 스_ 050-4227-4621
이메일_ flyhun9@naver.com
홈페이지_ www.dohun.kr

ISBN_ 979-11-92346-66-3 03810
정가_ 12,000원

신의 경고장

김부자 시집

도서출판 도훈

시인의 말

사고 치고 집 나간 자식

사고 치고 구속된 자식

사고 치고 조사받으러 다니는 맏형

사고 치고 쌍특검 받을 자식

쟁기질은 누가 하나?

모내기는 언제 하나?

2024년 새해 아침에

김부자

1부

서울 막걸리 너도 의사다 … 13

내 어머니 … 14

옛날이야기 … 16

늘 그랬던 것처럼 … 18

순신이 오빠 세상이 왜 이러죠 … 20

아픈 시 … 22

심장은 늙지도 않나 보다 … 23

주말 오후 … 24

가족계획 … 26

마음도 수선하면 … 27

여당 야당만도 못한 사이 … 28

워터코인 … 30

비상 … 32

그래도 나는 촉매라우 … 34

애기똥풀꽃 가족 … 36

날이별 … 38

뇌사에 잠긴 섬 … 40

삶은 정치다 … 41

억울한 사람 … 42

2부

제20대 정부 출범 1주년 … 44

치매왕 … 46

유전자 조작 … 48

박정희 대통령의 눈물 … 49

뭐 하며 늙어갈까 … 50

뉴욕에서 … 52

저승에서 기자회견을 하다 … 54

TV 토론 … 56

땅토부 현안 질의 … 58

삼행시 진중권 … 59

집 짓기 당 짓기 … 60

강남 제비 … 62

온반 … 63

50원짜리 클럽 … 64

국민의힘 전당대회 … 66

육행시 대한민국 만세 … 70

김뻐국 의원 … 72

오십보백보 … 74

삽을 든 시장님 … 75

2023년 4월 24일 … 76

3부

다 주범이다 ⋯ 81

엄마 놀이 ⋯ 82

동태탕 사드세요 ⋯ 84

진자 고모 ⋯ 86

자연은 거짓말을 못 한다 ⋯ 87

신의 경고장 ⋯ 88

겸손하신 선생님 ⋯ 90

추억의 열차에 실어 보냈소 ⋯ 91

2024 신 전설의 고향 ⋯ 92

고 이주일 씨 ⋯ 94

김기동 선생님 ⋯ 96

일자산 무궁화 아저씨 ⋯ 97

고자질 ⋯ 100

진주 궁전에 갇힌 여자 ⋯ 101

사필귀정 ⋯ 102

철없는 아내 ⋯ 104

4부

강아지와 고양이와 꽃이 하는 말 … 106

바람 맞은 바람 … 108

백세 시대 … 110

너는 아느냐 … 111

러브버그 … 112

약속 … 113

도서관 책 소독기 … 114

도서관 책 반납기 … 115

바람 … 116

필시 … 117

친한 척하기 2 … 118

뉴스가 재밌다 … 119

구더기가 무서워 … 120

일석무조 … 121

유월은 간이역 … 122

포근하다 … 124

해설

타락한 세계에 던지는 신의 경고장 … 126
_공 광 규 시인

1부
서울 막걸리 너도 의사다

서울 막걸리 너도 의사다

연봉 10억짜리 아들 교통사고로 먼저 보낸
황진이 손자도 하나 있다
3년 동안 밥을 못 먹고 막걸리로 잘 버티는 중

영끌했던 어우동 아파트에 투자했다
사기를 당해 막걸리로 2년째 잘 견디는 중

일자산에서 농사를 짓는 박성열 아저씨
입맛이 없어서 하루 삼시세끼를 막걸리로
대체하는 중

아들딸 며느리 사위까지 수의사인
애국지사 논개 언니는 강아지 유치원 원장님
여우손톱 와인잔에 막걸리 찰랑찰랑

막걸리는 아임 유어 에너지
서울 막걸리 너도 의사다

내 어머니

먼저 간 그 시상
살만한가 물짠가
쓰것는가 못 쓰것는가

옷을 살 때도 몸에만 맞으면
쓰것다 아앗다 좋다
크거나 작으면 못 쓰것다 물짜다

음식이 간만 맞으면
쓰것다 아앗다 맛나라
짜거나 싱거우면 못 쓰것다
배레부렀다

열 개에서 하나만 좋으면
만사 오케이
시상 사는 게 다 그런 것이제
뭐 별다르다냐

요즘같이 좋은 세상에 사셨으면
더 만족하는 삶을 사셨을 내 어머니

요즘같이 좋은 세상에 살면서도
만족을 모르는 안타까운 요즘 사람들
안타까운 요즘 현실

옛날이야기

친구 귀철 아버지는 농사일하며
틈만 나면 놀음을 했다오
귀철 엄마 놀음을 못 하게 말렸다오

귀철 아버지 술에 취해 집에다
불을 질러놓고 마을 회관으로 가
자기 집에 불 질러놓고 왔으니
빨리 가보라고 했다오

회관 사람들 농담인 줄 알았다오

소 돼지 닭 세간살이 기둥까지
남기지 않고 쿨하게 친절하게
싹 다 타버렸다오

귀철네는 새 집을 짓고 부자로
잘살았다오

그 후로 마을 사람들은 놀음은

절대 안 했다오

늘 그랬던 것처럼

혹

내가 아이가 되어 꽃놀이를 하거든

함께 놀아주지 마시오

늘 그랬던 것처럼

혹

내가 바람이 되어 외롭다고 하거든

그냥 지나쳐 주시오

늘 그랬던 것처럼

혹

내가 시가 되어 노래하거든

모른 척하시오

늘 그랬던 것처럼

혹

내가 새가 되어 허우적거리거든

뒤돌아보지 마시오

늘 그랬던 것처럼

혹

내가 천사가 되어

천지분간 못 하거든

가던 길 그냥 가시오

늘 그랬던 것처럼

순신이 오빠 세상이 왜 이러죠

한동안 먹거리 가지고 사기를 치더니
이젠 집을 담보로 사기를 친다

연립왕 빌라왕 왕자는 아무 데나
왕왕 잘도 붙인다
차라리 狂광 자를 붙여주자

사회초년생 젊은 청춘들이 또
네 명이나 하늘에 달이 되었다
하늘에 별이 되었다

독버섯 같은 사기 범죄가 기승을 부리는 이유는
당한 사람이 지적수준이 낮아서가 아니다
사기꾼들이 지적수준이 높아서가 아니다

그들이 미치광이가 되는 것은
이 나라 법 제도가 허술해서다

임기응변식 수사 미봉책 수사하지 말고

적시적소에 맞는 적법을

적용하는 수사해라

아픈 시

시가

아프다

시가

암은 아니겠지

감기몸살이겠지

심장은 늙지도 않나 보다

20년을 굶겼는데도

뛸 찌꺼기가 남아있느냐

20년을 굶었는데도

뛰어지느냐

너란 놈

너라서

너니까

치맨들

너를 당해내겠느냐

뛰지 마라 눈치 없이

뛰지 마라

네가 뛰면 미안해지잖니

심장아

주말 오후

뒷집인지

앞집인지

윗집인지

아랫집인지

옆집인가~아

흙담을 타고

살그랑 살그랑

그릇 부딪히는 소리가 난다

점심 식사가 끝난 모양이다

도란도란

무슨 얘긴지는 모르겠지만

부부가 도란도란

아이들이 까르르 분홍 웃음을 웃는 소리

커튼 밑자락으로 빼꼼히 비친

여우볕 한 조각 연두색

바람 따라 살랑살랑 그네를 탄다

평범한 일상이

행복인 것을

가족계획

1950년	2024년
가족계획 없이 생기는 대로 무작정 낳다 보면 거지꼴 못 면한다	무자식 상팔자 우리만 잘 살자로 가는 추세다
아들딸 구별 말고 둘만 낳아 잘 기르자	아이 낳지 말고 우리끼리 잘 살자 인가
잘 키운 딸 하나 열 아들 안 부럽다	아이 낳지 말고 우리라도 살아남자 인가
하나만 낳아 잘 기르자	

분명 세상은 좋아졌는데

아이 낳아 키울 수가 없는 세상

큰났네

삼신할매 산부인과 폐업하고

4월 총선에 출마한다네요

마음도 수선하면

물건 수선하듯
조이고 풀고
부속 바꿔 끼우고
먼지 털어내고

옷 수선하듯
드르럭 드르럭
줄이고 늘리고
주름 펴고

마음도 수선하면
좋을 텐데 말이야

여당 야당만도 못한 사이

꺾어 올 때만 보았습니다
전혀 안 보였습니다

남의 뜰에 핀 꽃들만 주구장창
쳐다보고 물도 주고 용돈도 주고
정성을 다했습니다

정말 그랬습니다
그땐 몰랐습니다
그래도 되는 줄 알았습니다

알아서 살림도 잘하더군요
알아서 아이도 잘 키우더군요

내 죄 덮기 위해 누명을 씌워
확실하게 짓밟았습니다

결국 나는 2중 3중 천개의 죄를 짓고

천개의 머리와 천개의 눈을 가진

괴물이 되어 무간지옥행 열차를 탔습니다

생계란처럼 약하고 꽃처럼 순한

여자였는데 독사로 변했습니다

이제는 미안하다는 말도 할 수가 없습니다

독사는 나를 잡아먹고 말 겁니다

시로 표현하기에

한계를 느낀다

워터코인

오전 9시 일촉즉발

어른 엄지손가락만 한 키

녹두 껍데기 같은 잎들이 비늘처럼

다닥다닥 붙어산다

팥알만 한

꼭 팥알만 한

자주색 꽃잎

오후 3시 우주의 입맞춤으로

활짝 폭발했다

무명실처럼 가는 꽃대 멱살을 잡고

씨름을 하더니 당당하게 폭발했다

병아리 눈곱만큼

참새 코딱지만큼

얼마나 작은 우주인지

숙연해지고 부끄러워서

눈물이 난다

난 또 한없이 작아진다

비상

일자산 공동묘지 쑥새 가족
멀리 날지는 않고 묘지 여나무개의 거리만
배회하듯 빙빙 돈다

주변을 경계하며 강수진이 발레하듯
몇 바퀴 돌아 직접 시범을 보이는 어미새
세상에 내보낼 준비 운동을 시킨다

'고 안젤라'라고 쓰여 있는 비석에 살짝
앉아보고 묘 봉분 위에도 잠자리처럼 사뿐히
앉아본다

서너 바퀴 빙빙 돌다 어미새와 눈을 맞추고
그들만의 언어로 암호를 주고받는다
호오 짹짹 호오옥 쪽쪽 삐이 짹짹

자신감이 붙었다

아이 쑥새 심장박동 소리

들리시죠

그래도 나는 촉매라우

나는 힘은 세지만 정작 나 스스로
할 수 있는 게 아무것도 없다우
머리도 나쁘고 눈치도 없다고 김부자한테
혼나 기도한다우

마늘밭에 저수지에 묻히기도 하고
화장실 벽장 장롱 속에 사과 박스에
갇히기도 한다우

내가 미치게 좋아도 그런 일은 없도록
하시우 손목에 은팔찌 찬다우

역마살이 끼어 바쁜척하며
산 넘고 물 건너 싸돌아다니는 걸 좋아한다우

개 소 빼고 남녀노소가 나를 보고
환장을 하며 좋아해주니 내가 힘은 세쥬우

나를 활용만 잘하면 나의 촉매로 세상은

천사처럼 아름다울 텐데

세상은 별빛처럼 빛날 텐데

내가 아무리 힘이 세도 쓰러진 소는

낙지가 일으킨다우

내가 아무리 힘이 세도 개한테는

개무시당한다우

애기똥풀꽃 가족

계절도 없다 시도 때도 없이
장례식장만 다니는 슬프고 바쁜 꽃
아빠는 백국

1년에 딱 두 번만 인기 있는 엄마는 카네이션
이 꽃 저 꽃 빛나게 들러리 서는 할머니는 안개꽃

부부 싸움에 특효 프로포즈에 빠질 수 없는
사랑을 꼭 이루라는 아프로디테의 명을 받은 장미

깨끗한 향기와 순결한 꽃말을 가진
고모는 후리지아 입이 싸고 까칠해서
결혼도 못 하는 골드미스

백일잔치 결혼잔치 졸업잔치 생일잔치
어디에도 끼지 못하는 나는 애기똥풀꽃
독까지 있어 나물로 먹으면 안 돼요

잘 말려 약재로 쓰인다

지천에서 흔하게 볼 수 있는

나는 애기똥풀꽃

날이별

내가 먼저 봤다면
똥을 밟은 듯 뱀을 본 듯
잽싸게 피했을 것을

눈을 딱 마주치고 말았소
이럴 때 신은 정말 짓궂소
이럴 때 신은 정말 원망스럽소

몽은 혼자가 아니고 혹까지 달고 있었소
온몸에 세포가 싸악 녹는다는 것
전신에 피가 싸악 빠져나가
딱딱한 시멘트가 된다는 것

날지옥 따따블 따따블
날이별 따따블 따따블

지구의 반대편으로 가거라

철새처럼 시베리아로 가거라

독한 맘먹고 가거라

나를 보고 차마 피했는지

천년 동안 한 번도

만난 적이 없었소

시로 표현하기에

한계를 느낀다

뇌사에 잠긴 섬

여의도 섬에 신들이
모두 환자라오

쓴 약을 먹이려는 자
쓴 약은 먹지 않겠다는 자

여의도 섬에 신들이
모두 제정신이 아니라오
모두 환자들이라오

님프들만도 못하는
환자들이라오

삶은 정치다

삶이 무엇이냐고

물어도 알 만한

사람이 없을 것 같아서

바람에게 물었다

삶은

정치 같은 것이란다

그래

삶은 정치다

억울한 사람

강동구에서 가장

억울한 사람은

나

여의도 정치판에서

가장 억울한 사람은

너

2부

제20대 정부 출범 1주년

제20대 정부 출범 1주년

가가호호 방문하여 김치찌개라도
시원하게 끓여주고 싶소만
별을 따고 꽃을 따다 새 솥단지에
잘 버무려 계란말이 말 듯 잘 말아내고 싶소만

그대들을 위해서라면 못 추는 춤이라도
추고 싶소만 오늘따라 용산에 떠 있는 저 달이
한없이 야속하다오

오죽하면 노무현 전 대통령이 기자들 앞에서
대통령 노릇 못 해먹겠다고 했을까

야당은 집권당 흠집내기에 급급하여
말실수 연발 현 정부는 전 정부 탓하는
무책임하고 나약한 모습

기술매체 발달로 세상이 좋아져

굳이 국민들이 몰라도 되는 사건들까지
물어 나르는 기러기들
여야가 대동소이다

비빔밥같이 조화롭게
탕평채같이 균형 있게
화합과 협치의 정치
나라의 발전과 국민의
안전을 위한 정치 해주세요

치매왕

뉴스를 보면 대한민국 정치는
누군가가 그 누군가는 반드시
국민의례 하듯 양심선언을
해줘야만 된다는 나 같은
생각을 하게 된다

선거 때면 꽃잎 같은 붉은 입술로
외치고 부르짖던
법과 원칙
공정과 상식
법과 공정
자유 평화
자유 자유 자유
헌법 정신으로
가

정권만 잡으면 치매에 걸린 듯

잃어버린 초심

치매에 걸렸다 5년 만에
마술처럼 풀려나는 5년짜리
치매왕

유전자 조작

텔레비전 틀면 5사 방송국에서
주가조작 주가조작
라디오 틀면 주가조작 주가조작
한국일보 국민일보 문화일보 조중동
헤드라인 주가조작 주가조작

유명 연예인 한석봉 30억 투자
알고 했냐 주가조작 주가조작
모르고 했냐 주가조작 주가조작
나도 당했다 주가조작 주가조작

빵부인 주가조작 주가조작
빵부인 특검하라 특검하라

귀가 따갑고 눈이 따갑다
지렁이들만 또 피눈물 흘렸다

주식은 유전자가 아니잖소

박정희 대통령의 눈물

순살 돈까스

순살 치킨

순살 아파트

순살 3종 세트가 아닙니다

아파트가 순살로 만든 돈까스처럼

순살로 만든 치킨처럼 한 끼 식사로

한 끼 간식으로 간단하게 먹는 음식이 아닙니다

순살 아파트가 웬 말입니까

급성장한 대가인가

급성장한 후유증인가

1920년대로 되돌아가고 있다

후진국으로 후퇴하고 있다

경제발전 최빈국인 한국을 목숨 걸고

급성장시킨 박정희 전 대통령이

하늘에서 통곡할 일이요

뭐 하며 늙어갈까

나 : 비서실장 수석 해봤어
　　민정수석 해봤어
　　정무수석 해봤어

나 : 대변인 해봤어

나 : 교수 해봤어
　　판검사 해봤어

나 : 장관 해봤어
　　국회의원도 해봤어

나 : prison 갔다 왔어

나 : 하마터면 prison 갈 뻔했어
　　뭐 하며 늙어갈까

나도 유튜브 방송이나 할까

나도 자연인 할까

나도 책빵이나 열어볼까

4월 이장 선거에나 출마할까

아~아 하루해가 너무 길다

아씨가 그러는데요

가지고 있는 것 힘센 것 쓰면서

편히 쉬랍니다요

뉴욕에서

2023년 3월 14일 유튜브를 뒤적이다
전두환의 손자 전우원이라는 잘생긴
청년이 본인의 가족들을 고발하겠단다

기다리고 기다리던 양심선언을 해줄
사람인가 싶어 순간 내 심장이
쫄깃쫄깃하더군

민주주의 아버지는 전두환이다
광주사태와 전두환은 무관하다
우원 씨가 잘못 알고 있었다

민주주의 아버지는 고 김대중 고 김영삼
두 전 대통령이다

광주사태는 그 당시 최종결정권자
최종명령권을 가진 전두환 전 대통령의

소행이다

양심선언 같은 가족들 비자금 폭로 좀
하는가 싶더니 3월 28일
귀국하여 광주로 바로 갔다

저승에서 기자회견을 하다

서울경찰청 반부패 공공범죄
수사대가
한수일 장관의 개인 신상 정보를
유출했다는 죄명으로
MBC 임순애 기자의
자택 자동차 휴대전화를 압수 수색했다

경찰이 서랍 속의 팬티까지
손으로 만지면서 수색을 했단다

억울할 것도 없을 것 같은데
억울하다는 듯

저승에서 전두환 전 대통령이
기자회견을 했다

나는 29만 원 밖에 없는데

나만 갖고 그러더니

왜 MBC 기자만 갖고 그래에~에

TV 토론

2023. 2. 22. KBS 오후 22시
국민의힘 전당대회 당대표 후보 3차
TV 토론회
김기현 후보 안철수 후보 황교안 후보
천아람 후보

KTX 울산역 땅 투기 의혹과 시세 차익
의혹을 두고 황교안 후보가 김기현 후보에게
후보직을 사퇴하라고 검사가 범인 조사하듯
몰아세운다

울산의 이재명이라는 소리가 나올 수도
있으니 후보직을 사퇴하라고 천아람 후보가
김기현 후보를 농사꾼 소 몰듯
몰아세운다

그러나 김기현 후보 시원하게

답변을 안 하는 건지 못하는 건지

네 후보 모두의 손이 백옥처럼
곱고 희다

희고 고운 손처럼
희고 고운 본인들 손처럼
돈 정치 하지 말고
일 정치 부~우탁해~요~오

땅토부 현안 질의

과잉 충성

뒷수습하느라

실무자들만 진땀 빼고 있다

삼행시 진중권

진!
진짜로 정말로
정치 안 하실 겁니까
진중권

중!
중심 대한민국 중심에
우뚝 선 진정한 논객
자처해서 고독한 논객
진중권

권!
권합니다 제3의 정치를
권합니다
진중권

집 짓기 당 짓기

당이 나를 떠났나
내가 당을 떠났나

욕망에 눈 멀고 귀 멀어
듣지 아니하고 보려 하지 않네

소매 속에 감춰진 욕망에
전쟁 같은 장난질 폭주하네

수의에는 주머니가 없는 것도
잘 알고 있다네

저들이 휘두른 칼춤에
새우등 터지듯

개돼지들 오장육부가

터진다오

두껍아 두껍아

헌 당 줄게

새 당 다오 새 당 다오

강남 제비

철커덩 철문
박차고 나온
강남 제비

나 그냥
강서구로 돌아갈래

국민들 심판은
냉혹한 완패

내년 총선엔
제비가 박씨 물고 오려나

온반

용산의 독수리들아

비린내 나는 생채기

단물 독식에 중독되면

곪아터져 항생제로도

못 고친다오

잘 삭아 톡 쏘는

홍어 삼합 같은

따뜻한 온반

미래 세대들에게도

양보 좀 하시구려

50원짜리 클럽

국회의원을 아버지로 둔 나무꾼
불과 5년 근무하고 퇴직금으로
50억을 받았다죠
국민들은 뇌물이라고 믿고 있다죠

경제적 공동체가 아니라서
아들한테서 아버지에게로 넘어간 증거가
없으니 무죄

이 땅의 정의가 살아있는지 대한민국
청년들 으매 기죽어

검찰은 수사를 제대로 했고 증거를
찾기 위한 노력은 했는지 그것이 궁금하다

사실상 수사를 하다가 손을 놓고 있는 실정
수사를 왜 안 하느냐는 질문에 수사 인력이

부족해서란다

돌아가신 송해 오빠에게 수사 부탁 좀

해야겠다

국민들은 50억의 실체를

알고 싶어 한다

국민의힘 전당대회

매번 속상하다 이번이 네 번째다

내가 응원했던 후보들은 모두 당선되어

임기 마치고 불미스러운 일로 손목에

은팔찌를 찼던 이들도 여럿 있다

유일하게 영희 친구만 번번이

내 응원을 비껴간다

응원하다 패배하면 누구의

잘못인가요

2023년 3월 8일 국민의힘 전당대회

역대 최고의 투표율로 결선 없이 김기현

후보가 52.93%로 선출되었다

영희 친구 23.37% 허망하다

최고의원에 조수진 김병민 김재원 태영호

선출 청년대표 장예찬 선출

이준석호

천하람 후보

허은아 후보

김용태 후보

이기인 후보

천아용인

천하용인 와르르 와르르

비윤계 와르르 와르르

이철규 사무총장 박성민 배현진

부사무총장

국민의힘 새 지도부가 검사 판사 출신

한 색깔로 완성

경기 고양 킨텍스 친윤계 전폭 지지를 받고

김기현 선출자 수락 연설

첫 번째도 두 번째도 세 번째도 민심
오로지 민심 또 민심
왠지 내 귀에는 첫 번째도 두 번째도
세 번째도 총선으로 들린다

연계 포용 탕평 김기현 선출자의 슬로건
연포탕 정책 연포탕을 함께 먹겠냐는
기자의 질문에 기꺼이 먹겠다고 했다
하지만 시원한 연포탕이 아닌
쫄아진 용궁탕

김기현 땅대표 김기현 투기현
이라는 웃지 못할 비아냥도 있었다

영희 친구는 애매한 특위
위원장직을 거절하고
마라톤에 전국을 종횡무진

영희 친구 안철수 파이팅

그리고 김기현 대표는

9개월 만에 당 대표직을

내려놓았다

육행시 대한민국 만세

대!
대한민국에는 좋은 정치인은 없지만
좋은 과학자도 있고 좋은 기부자도 있고
손흥민 같은 든든한 선수도 있다

한!
한국은 삼면이 바다라 좋고 사계절이 있어
좋은 나라 아름다운 나라
빼앗겼을지언정 팔아먹지는 말자

민!
민주주의를 아시는가 모르시는가

국!
국민들은 선한데 정치인들은 도둑심보
놀부심보 오장팔부라네

만!

만세 대한독립 만세 부르다 억울하게

먼저 간 희생자와 영웅들 애도하며

대한민국 만세 대한민국 만세 대한민국 만세

세!

세상에서 사람이 살기 좋은 나라

깨끗한 나라

부패 없는 나라

아이 낳아 키우기 좋은 나라

모두가 잘사는 나라 만들어

후손에게 잘 물려주세

자랑스럽게 잘 물려주세

김뻐국 의원

안 하면 못 하면 바보 소리 들을세라

코인투자 주식투자

합법이다 불법이다

뻐꾹 뻑뻐꾹 뻐꾹

국회의원으로서 국민들 눈높이에

맞지 않는 행동에 죄송합니다

미안합니다

뻐꾹 뻑뻐꾹 뻐꾹

4일 만에 사과하고 5월 16일

탈당한 김뻐국 의원

다 해도 김뻐국 의원은 불법투기

하지 않을 줄 알았다는

부드러운 카리스마 이언주 의원님

클났다

또 시끌벅적하겠다

뻐꾹 뻑뻐꾹 뻐꾹

오십보백보

검은 뿔테 안경을 쓴
조선 제일의 혀 깡패와

메테 안경을 쓴
조선 제일의 거짓말쟁이
양아치와

오늘 또 여의도에서
한판 붙었다

내 눈에는 오십보백보다

삽을 든 시장님

정치 능구렁이 이무기
정치 아홉 단
정치 십 단
합이 홍백 단

제발 그 입 좀 다물라
옐로우카드
징계 열 달

결국 3일 동안 삽을 들고
봉사 활동을 했다

나에게는 아직 세 척의
삽이 남아있다 아이가

2023년 4월 24일

어김없이 제 시간에 동은 트고 일기예보대로
내가 사는 중부지방 날씨는 영상 21도
사랑하기 좋은 날 살아보기 좋은 날
죄인들은 감방 가기 좋은 날 농부 밭 갈기 좋은 날

윤석열 대통령 내외가 국빈 자격으로 미국 방문 위해
5박7일 일정으로 출국했던 날

같은 날 비슷한 시간에 일용이 전 평화당 당대표가
유행인 듯 팔목에 빨간 책을 끼우고 프랑스
파리에서 입국했던 날 2021년 평화당 전당대회가
돈 선거로 치러졌다는 조사를 받기 위해서다
앞으로 시끌벅적하겠다

여당에서는 전당대회가 아닌 쩐당대회였다고
　비난을 하고 평화당 홍길동 대변인 왜 우리 당만 갖고
그래

한 달 점심값도 안 되는데~에

삼백만 원이 껌값인 줄 알고 있다고

국민들 가슴이 마그마처럼

부글부글 끓던 날

그 전당대회가 공정하게 진행됐더라면

그 영광은 다른 사람의 것이었을 테고

정치 판도는 360도로 달라졌을 것이다

같은 날 비슷한 시간 오후 3시 30분

KBS 제1라디오 강원국의 지금 이 사람에서는

가수 화가 솔비 권지안 씨가 출연하여

화가로서 성공하기까지 겪은 가슴 절절한

이야기보따리를 풀어놓던 날

벚꽃도 지고 철쭉도 지고 새잎들이

청춘처럼 힘차게 올라오던 날

내 시집 장사도 여자가

출간된 지 6개월 만에

사장되던 날

나도 거꾸러지던 날

3부

다 주범이다

다 주범이다

내 머릿속에 잔뜩 낀 건달기가
약발을 다했는지

날씨 탓인지
나이 탓인지

꽃 때문인가

네가 시시하다
네가 시시해진다
그래
쪽빛에 머리 감고
달빛으로 몸을 씻어
새벽별 이슬로 내리자

꽃에게 또 미안해진다

엄마 놀이

오월에는 향기로

엄마 놀이해요

너는 엄마 나는 아빠

밤꽃 붓꽃 불두화

산동백 작약

서로 엄마 하겠다고

세력다툼이라도 하듯

향기로 유혹해요

아빠 역할은 싫다고

우우 노래하듯 심통을 부리는

수레국화 후크시아꽃

노랑제비꽃은

키와 잎과 꽃의 크기가

오롯이 똑같아요

이쁘고 작아서 눈 속에 넣어도 되겠어요

오월에는 향기로

사랑을 해요

동태탕 사드세요

저세상 소리 : 사뿐사뿐 살랑살랑 샤방샤방

　　　　　　후우우 호오오 쪼오옥 쪽 짹짹

　　　　　　꽃이 피어나고 새들이 노래하는 곳

이 세상 소리 : 삐이익 끽끽 꽝꽝 꽈당 꽝꽝

　　　　　　끼이익 우당탕탕 아~아 교통사고

　　　　　　온갖 사건 사고 층간소음 묻지마 사건

　　　　　　사고

전화 연결 소리 : 초로록 촉촉촉

　　　　　　　좌르륵 착착착

저승 : 여보쇼오 누구요

이승 : 여보세요 그리운 어머니

　　　보고 싶습니다 그립습니다

　　　비단 한 필과 꽃신 은비녀

택배로 보냅니다

예쁘게 치장하시고 꽃놀이 댕겨오세요

신사임당 사진이 도장처럼 야무지게 박힌

지폐 두 장 보냅니다

동태탕 사드세요

진자 고모

진자야 진자야 불러서 뒤돌아보니
머리 산발한 처녀 귀신이 갈포레를
입 안 가득 물고 쫓아온 얘기
동백꽃 얘기 훌딱 벗고 새의 슬픈 전설 얘기

8월이면 봉숭아 똑똑 따 백반 넣고
반반한 돌멩이 위에 올려 가만가만
찧어서 내 손톱 위에 붙여주고
동백나무 그늘 아래에 낮잠 재워 줬었지

뒤란에 배추꽃 오이꽃에 앉은 나비를
잡으려다 놓치고 잡았다 놓치는
장자 호접몽 꾸듯 한바탕 꿈을 꾸고 나면
내 손톱은 처녀막 터진 듯 예쁜
선홍색으로 붉게 물들었지

고모는 내게 탤런트처럼
예쁘다고 했지

자연은 거짓말을 못 한다

세 군데 모두 맛있는
강원도 고랭지 찰옥수수
라고 간판처럼 써놨다

고고한 맛도
단맛도
씨알도
예전만 못해

순진한 여자처럼 덜 영글어
비릿한 맛은 더 진하다

손으로 한 알씩 뜯으니
순한 아이처럼 으깨진다

너 또한 이상기후 현상으로
고르지 못한 일조량 때문일 거야

신의 경고장

세상 귀두가 꽈악 막혔다
세상이 각혈을 한다
한숨이 밥상에 오르고
아이들 웃음소리가 줄어들어
소아과 의사들 간판 내린다

옷깃만 스쳐도 인연이라고 했거늘
소매 깃이라도 스칠까 무서운 세상

선생이 학생과 눈을 못 맞추고
선생이 학부모 눈치 살피는
비상벨이다

김정은은 밥 먹듯이 조석으로
미사일을 하늘에 대고 쏘아올리니
날마다 해가 하혈을 한다

지구가 골다공증이다

지구가 동맥경화다

다 씻어 먹어도 물은 못 씻어 먹는다고 했거늘

물에다 오염수를 방류하는 우리

인간은 잔인하다

겸손하신 선생님

시인 김용택 선생님은
본인 시집이 출간되어
본인 손에 쥐어지면
창피하고 부끄러워
시집을 마룻바닥에
내팽개친다고 했다

나는 내 시집이 너무나
자랑스러워 백 속에
꽂고 다녔다오

부끄럽다오
창피하다오

무지해서 죄송합니다
용감해서 죄송합니다

추억의 열차에 실어 보냈소

아카시아 향기를
추억의 열차 통일호에 가득 실어
보냈소

향기로 마음에 불 지펴 차를 끓여요
그러고 남거든 바다에 띄워 보아요
인어 아가씨 꿈도 이루어져요

라일락 향기를
추억의 열차 무궁화호에 가득 실어
보냈소

향기로 마음에 주름 펴고 수를 놓아요
그러고 남거든 바다에 날려 보아요
새들의 꿈도 이루어져요

새마을호 입석은 지금
찔레꽃 향기로

2024 신 전설의 고향

인간의 욕심으로 변신에 실패한 천년 묵은 여우

3천년 후 휘리릭 휘리릭

여차저차하여 서울에 상경

열심히 공부하여 성형외과 의사

밤에는 노래하는 가수

이번 생에는 꼭 변신에 성공하길

울산의 간절곶으로 간 여우

흰 소복 입고 휘리릭 휘리릭

재주넘지 않고

맨입으로 꿀꺽꿀꺽

여의주 삼키지 않고

돼지 껍데기로 만든 콜라겐

먹고 바르고 여신 같은 한가인으로

변신에 성공한 천년 묵은 여우

라~라~라아~라~라~라아 뽕

요즘 잘나가는 노총각 가수 장민호와
백년가약 아들 열두 명 딸 열두 명
여우와 민호 부부가 애국자죠

고 이주일 씨

심연 바닥에 남은 것까지
다 내어주고도 부족했을까
늘 뭔가 꼭 보여줄 테니 이주일만
기다리라고

못생겨서 죄송하다고
우리에게 큰 웃음 주셨죠
우리에게 많은 것을 주셨죠

제14대 국회의원 재직 중
아는 걸 설명하면
오만하다고 지적당하고
겸손함과 낮은 자세로 임하면
국회의원이 그것도 모르냐는 시선이
가장 힘들었다고 푸념 같은 하소연을
하더군요

인생사 참 쉽지 않죠잉

나도 뭔가 보여줄게요
2주일만 기다리세요

김기동 선생님

시를 함께 배웠던
김기동 선생님

좋은 시 많이 쓰라고 덕담을 하니
나이 먹어서 시가 안 써진단다
시도 젊어서 써야 된단다

시도 안 써지고 마음만 이팔청춘
재수 없으면 백 살까지 살게 된단다
백 세까지 사는 게
재앙일까 축복일까

지하철 에스컬레이터 하강
청춘 남녀가 꼬옥 끌어안고
입술을 살짝 붙였다 살짝
떼었다 조절을 잘하며
눈부시게 늙어간다

일자산 무궁화 아저씨

무궁화꽃 화려한 일자산

청색 흰색 자주 분홍

애기 무궁화 겹겹이 단아하게

피었다네

무궁화꽃이 피었습니다

술래놀이하듯 한 송이 피면 한 송이 지고

석 달 동안 여름 내내 지고 피고 피고 지고

보이던 이 안 보이면 안부를 묻기도 하고

지나는 사람 모두의 눈길을 끄네

지나는 사람 모두가 미소 짓네

김일국 아저씨가 자비로 자발적으로

10년 동안 약 2만 그루의 무궁화를

심었다는데 지금 약 일 만 그루만

자생하고 있다네요

젊어서 대기업에 30년 동안 근무했었고

지금은 무궁화 사랑에 푸우욱 빠져

없던 애국심도 생겼다네요

모 방송국에서 취재 좀 하자고

했지만 거절했다네요

무궁화 심는 데 열중하다 잘못 건드린 벌집

얼굴 손등 머리 순식간에 사타구니까지 점령

중요 부위 거시기까지 쏘여 응급실에

세 번이나 실려 갔다네

이제는 벌들도 아저씨를 알아보고

피해 간다네

한 개인의 작은 관심과 사랑에

강동구 주민들 마음까지

환해졌다네

세상 한 모퉁이가 환해졌다네

고자질

미스코리아처럼 생긴 은영이가
내 시를 읽으며
시가 이상하답니다

발로 써도 이보다는
잘 쓰겠답니다

나는 손으로 써서
그래, 라고 했죠

다음 시는 발로 써볼 생각입니다
은영이 너어~어

진주 궁전에 갇힌 여자

너 지금 완벽하다

머리에서 발끝까지

완벽한 진주다

완벽한 흑진주다

진주로 세워진 궁전에 구슬만 네 말

진주로 만들어진 너의 역사

진주로 쓰여진 너의 이력서

육십 과목 모두가 다

온전히 완벽하게

진주로 완성된

A+이다

굽이굽이 온전하게

완벽하게 농익었다

사필귀정

초등학교 선생님을 찾아간 어느 학부모
책상을 탕 내리치며
나랑 맞짱 한번 뜰래요
나는 무기가 많아
나는 법조인이야

조폭 영화에서 몸에다 동양화 문신을 하고
겁을 주는 형님들이나 하는 행동들이다

또 새내기 초등교사가 억울하게
하늘에 달이 되었다
하늘에 별이 되었다

나는 무기도 없고
법조인도 아니다

검정고시 출신에

지방대 출신에

무명인이다

철없는 아내

유행가 가사처럼

볼 때마다 이쁘오~오

볼 때마다 아름답소~오

인공이든 자연이든

어찌 됐든 이쁘오~오

어찌 됐든 아름답소~오

공부인 되고 나서

더 빛이 나오

철분이 0.73% 부족하오

철없는 공부인이오

무수리 시켜서 직구를 하면

될 일을 굳이

힘센 것도 많을 텐데 굳이

뭐든 다 잘할 수 없으니

… 4부

강아지와 고양이와
꽃이 하는 말

강아지와 고양이와 꽃이 하는 말

강아지에게

왜 사느냐고 물었더니

억울해서 산다고 합니다

고양이에게

왜 사느냐고 물었더니

치사해서 산다고 합니다

꽃에게

어찌 그리도 슬프게 피었느냐

물었더니

되레 내게 묻습니다

매람시

왜 그렇게

열심히 사느냐고요

파란 하늘에 흰 구름 가듯

바다로 흐르는 강물처럼

그냥 그렇게 흐르랍니다

바람 맞은 바람

내 얼굴 스치며 오는

바람 맞은 바람

비에 젖은 어둠 뚫고 오는

바람 맞은 바람

바람에게 바람 맞은 귀뚜라미

회색벽 액자 속에서

싸륵싸륵 아쟁 타는 소리를 낸다

바람에게 바람 맞는 배꽃 같은

흰나비 어머니의 영혼 되어

출렁이며 온다

바람에게 바람 맞은 구름 요정

양떼구름 뭉게구름 피어나

솜사탕이 된다

배가 부르지 않아도 구름을 먹는

천사들 내 얼굴 스치며 온다

백세 시대

노세 노세 젊어서 놀아
가
노세 노세 늙어 놀아
늙고 병들어도 안 죽나니
로
바뀌었답니다
웃어야 할까요
울어야 할까요

너는 아느냐

나무뱀이 하늘을 날 수 있다는 것을
알고 있소들
나무뱀이 하늘을 맘껏 날 수 있는 것은
절박함 때문이라는 걸
알고 있소들

새는 노래하는 게 아니라는 것
너는 아느냐
새는 우는 게 아니라는 걸
너는 아느냐

새가 말을 할 수 있는 것은
절박함 때문이라는 걸
너는 아느냐
아픈 곳이 없는데 아프다

러브버그

아비 러브버그 딸 러브버그

꽃과 나비 되어 선과 악 사이

천국과 지옥을 아슬아슬하고

그 미묘한 임계선을 광대가

칼춤을 추듯 넘나드는 것을

나는 다 알고 있었다

약속

백록담 같은 곳간에
황금 사과 같은 약속 열 개
그대의 것이 아니라오

그 사과는 덤이라오
세 개만 허락한다오
세 개만으로도 3대까지는
등 따시게 무사히 허락한다오
떡 본 김에 제사 지내듯 하지 마오
곳간 일곱 개는 후손을 위해
꼭 채워두시오

5년 후에 이러려고 내가
일등에 당선되었나
자괴감 들지 않도록
초심 잃지 마시오

그 약속 꼭 지켜주시오

도서관 책 소독기

책 소독기 이용 방법
① 소독기 문을 열어주세요
② 책의 중앙을 펴서 책꽂이에 꽂아주세요
③ 전원 버튼을 누르세요
④ 완료되면 자동으로 꺼집니다

식기세척기처럼 생긴 책 소독기
전원을 누르면
빨간 조명이 켜지고 기계의 진동으로
책이 쌈바 춤을 춘다

기계의 바람으로 말려가면서
소독이 된다
전혀 뜨겁지 않다

그럼에도 책을 꺼낼 때면
멈칫하게 된다
나 이런

도서관 책 반납기

1층 문헌 정보실에서 책을 대여해

3층 열람실에서 읽다가

정보실 문을 닫으면

밖에 세워진 우체통 같은 통에

책을 반납한다

책을 반납할 때 책이 동백꽃처럼

툭 하고 떨어진다

책이 또 파랗게 멍들었다

바람

날씨는 영상 33도

친

어미 품처럼

칼바람 쌩쌩

고추바람 쌩쌩

푸른 참바람 쌩쌩

필시

갈대 위에 올려놓고
감나무 흔들어대듯 인정사정없이
흔들어 댈 때는
필시 그만한 까닭이 있을 것이다
태양 궤도 60번 돌아 지구의
어둠 걷히고 광대한 우주에
달이 뜨니 엿장수 가위질 바빠지고
초록 구름이 목을 축인다

친한 척하기 2

모태 겸손일 거야

몸에 착 달라붙는

흰색 라운드 셔츠에

파란 청바지가 잘 어울리는 남자

라면을 잘 끓일 것 같은 남자

뼛속까지 겸손하여

경제적인 남자

역지사지가 잘 돼서

이름처럼

별명이 진국인 남자

하루라도 글을 안 쓰면

마음이 허기진다고 했다

강원국 작가님

뉴스가 재밌다

나는 죽을 때 죽더라도
뉴스는 보고 죽어야겠다
하루라도 뉴스를 못 보면
온몸이 배멀미하듯
멀미난다

구더기가 무서워

장 담가야 하는데
구더기 무서워
장 못 담구겠다

구더기 걱정 없으면
1년에 두 번씩
장 담글 수 있는데

일석무조

무공해 바보와

누더기 천재

어느 쪽이

더

나을까

유월은 간이역

봄꽃 지고 잎이 나는
유월은 쉬어가는 달
눈도 코도 쉬어 가는 달
산도 바람도 쉬어 가는 달

나비와 벌들이 칠보단장하고
소풍 가는 유월은 쉬어 가는 달

신록 짙은 나무들은 새들에게
둥지가 되어주고
새들은 새 아파트로 이사하는
손 없는 달

열매를 맺는 나무들도
해찰을 부리고
노처녀 노총각 우렁각시도
해찰을 부리는 유월은 쉬어가는 달

유월 너라도 쉬엄쉬엄 가소

세월이 너무 빠르지 않소

포근하다

날씨는 영하 180도

의붓

어미 품처럼

해설

타락한 세계에 던지는 신의 경고장

공광규 시인

타락한 세계에 던지는 신의 경고장

공광규 시인

1.

 현재 우리 문단에서 보기 드문 풍자시인 김부자는 전남 진도에서 출생했다. 여주대학교 도자문화예술과를 졸업했다. 예술적 재능이 다분한 그는 《청계문학》을 통해 수필과 시로 등단했다. 자전소설 『가시나무새는 울지 않는다』와 시집 『사람이 어떻게 그럴 수 있어요』와 『장사도 여자』를 내었고, 현재 자유기고가로 활동 중이다. 이번 시집 『신의 경고장』은 세 번째가 된다.
 시인은 시집 '시인의 말'에서 시를 써서 고독해지는 건지, 고독해서 시를 쓰는 건지 모르겠고, "배고픈 시든 배부른 시든 시 또한 아무나 쓰는 게 아니다"고 한다. 시인 역시 "시를 안 쓰겠다고 늘 다짐하면서 어쩌다 보니 세 번째 시집을 냈다."고 한다. 이번 시집 『신의 경고장』은 지난 시집 『장사도 여자』와 많은 부분 주제를 같이 한다. 필자는 지난 시집의 해설을 통해 김부자 시인을 우리 시대 "보기 드문 풍자시인"으로 언명했다.

이를테면 김부자의 시를 "부조리한 세태와 사회, 정치에 호되고 신랄한 비판을 퍼붓는다. 그의 풍자는 매섭고 건강하다. 무너져가는 세태를 바로잡으려는 목소리를 낸다. 그의 정치풍자는 날카롭다. 우리 사회를 바로잡아보려는 냉정하고 분노에 찬, 그러나 애정 어린 모성의 목소리다. 우리는 김부자가 보여주는 인간에 대한 진정한 그리움과 사랑을 향유하고, 김부자가 풍자 형식으로 세상에 던지는 따뜻한 심성과 모성의 외침을 경청해야 한다."고 정리했다.

2.

모든 인간의 삶은 넓게 보면 매우 정치적이다. 그러므로 인간의 생활 조건에 관심을 갖고 형상하는 모든 문학작품은 정치적이다. 이번 김부자의 시집에서는 다수의 삶의 조건을 쥔리하는 소수의 정치권력에 대한 비판이 강화된 느낌이다. 시인은 관찰자이다. 응시자다. 김부자는 시인의 시선으로, 또 시민의 시선으로, 또 여성의 시선으로 한국의 현재 정치를 응시한다.

그러면 김부자가 정치적 서사의 화소를 얻는 곳은

어디일까? 대중매체인 텔레비전과 라디오와 종이신문, 그리고 SNS(Social Network Service, 사회관계망서비스)다. 텔레비전과 유튜브(YouTube, 사용자가 동영상을 자유롭게 올리거나 시청할 수 있는 구글의 콘텐츠 호스팅 웹사이트이자, 2023년 현재 세계 최대 규모의 비디오 플랫폼)이다.

시인은 시「뉴스가 재미있다」에서 "나는 죽을 때 죽더라도/ 뉴스는 보고 죽어야겠다/ 하루라도 뉴스를 못 보면/ 온몸이 뱃멀미하듯/ 멀미 난다"고 하며 시의 화소가 되는 정보를 텔레비전 뉴스에서 구하고 있을 자신의 경험으로 들려준다. 시「뉴욕」에서는 "2023년 3월 14일 유튜브를 뒤적이다/ 전두환의 손자 전우원이라는 잘생긴/ 청년이 본인의 가족들을 고발하겠단다"며 유튜브에서 서사의 화소를 구하고 있음을 보여준다.

       텔레비전을 틀면 5사 방송국에서
       주가조작 주가조작
       라디오 틀면 주가조작 주가조작
       한국일보 국민일보 문화일보 조중동
       헤드라인 주가조작 주가조작

       (중략)

       빵부인 주가조작 주가조작

> 빵부인 특검하라 특검하라
>
> 귀가 따갑고 눈이 따갑다
> 지렁이들만 또 피눈물 흘렸다
>
> 주식은 유전자가 아니잖소
>
> ―「유전자 조작」 부분

  시「유전자 조작」에서는 텔레비전과 라디오가 같은 내용을 반복한다. 다양한 대중매체에 노출된 독자들은 이 주가조작 사건의 주인공이 누구인지 시를 읽는 동시에 알 수 있다. 바로 국가권력의 최고 핵심인 대통령의 부인이다. 시인은 사건의 주인공 실제 이름을 표기하지 않고 '빵부인'으로 사용하고 있다. 이렇게 실제 이름을 사용하지 않고 다른 이름을 사용하는 것은 권력으로부터 직접 가해지는 폭력이나 피해를 피하기 위한 수단이다.

  최고 정치권력이 이 간접 표현에 어떻게 대응하느냐는 그 나라의 민주화 지표와 관련된다. 그리고 권력자의 주가조작으로 상징되는 패악은 국민의 피해와 직결된다. 서민으로 비유되는 '지렁이'들만 피눈물을 흘리게 된다. 권력자의 측근은 주가조작을 통해 엄청난 이익을 거두지만, 권력으로부터 소외된 자들은 "나도 당했다 주가조작 주가조작"하듯 커다란 손실을 입는다.

> 유행가 가사처럼
> 볼 때마다 이쁘오~오
> 볼 때마다 아름답소~오
>
> 인공이든 자연이든
> 어찌 됐든 이쁘오~오
> 어찌 됐든 아름답소~오
>
> 공부인 되고 나서
> 더 빛이 나오
>
> -「철없는 아내」 부분

 민초들에게 손실을 입힌 주가조작의 인물은 시「철없는 아내」의 주인공이기도 하다. 유행가 가사처럼 이쁘고 아름답다는 비꼼은 풍자적 형식이다. 인공이든 자연이든 이쁘고 아름답다는 것도 풍자적 형식이다. 4연에서 "철분이 0.73% 부족하고/ 철없는 공부인이오"는 성숙한 사람의 기준인 '철듦'과 관련이 없는 금속의 철을 언급하면서 풍자하고 있다.
 시「강남 제비」에서는 "철커덩 철문/ 박차고 나온/

강남 제비// 나 그냥/ 강서구로 돌아갈래"라며 향응 등 부정행위로 감옥에 갔다가 나와서 다시 정치를 하겠다고 출마한 전 국회의원을 철새인 "강남 제비"로 풍자하고 있다. 시 「집짓기 당짓기」에서는 총선을 앞두고 탈당 후 당을 새로 만드는 젊은 정치인을 비판하고 있다.

김부자는 권력자들의 속성을 일하지 않고 시민의 재화를 착취하는 '흰 손'으로 비유한다. 시 「TV 토론」에서는 토론회에 나온 '국민의힘' "네 후보 모두의 손이 백옥처럼/ 곱고 희다"고 한다. 김부자가 시 「뇌사에 잠긴 섬」에서 언급하듯, "여의도 섬에" 있는 국회의원들은 "모두 환자"다. 때문에 시인은 여야 어느 한쪽을 손들어주지 않는다.

김뻐꾹 의원의 사례가 그렇다. 이런 정치권력자들의 잇속 챙기기는 민주 세력으로 통칭되는 야당의 국회의원 역시 마찬가지다.

> 국회의원으로서 국민들 눈높이에
> 맞지 않은 행동에 죄송합니다
> 미안합니다
> 뻐꾹 뻑뻐꾹 뻐꾹
>
> 4일 만에 사과하고 5월 16일
> 탈당한 김뻐꾹 의원

다 해도 김뻐꾹 의원은 불법투기
하지 않을 줄 알았다는
부드러운 카리스마 이언주 의원님

클났다
또 시끌벅적하겠다
뻐꾹 뻑뻐꾹 뻐꾹

― 「김뻐꾹 의원」 부분

  시인은 야당에게도 시의 칼을 들이대기도 한다. 김부자는 "야당은 집권당 흠집 내기에 급급하"(「제20대 정부 출범 1주년」)다며, "기술 매체 발달로 세상이 좋아져/ 굳이 국민들이 몰라도 되는 사건들까지/ 물어 나르는 기러기들/ 여야가 대동소이다"고 가차 없이 비판한다. 시 「땅토부 현안 질의」에서는 국토부장관이 대통령에게 "과잉 충성/ 뒷수습하느라/ 실무자들만 진땀 빼고 있다"며 공무원의 노고를 기억하기도 한다.

  또 시 「친한 척하기 2」에서 강원국 작가를 "뼛속까지 겸손한" "모태 겸손"으로 추켜세우거나, 구체적 정치 논객을 비호하기도 한다. 시 「삼행시 진중권」에서는 "진!/ 진짜로 정말로/ 정치 안 하실 겁니까/ 진중권// 중!/ 중심 대한민국 중심에/ 우뚝 선 진정한 논객/ 자처해서 고독한 논객/ 진중권// 권!/ 권합니다 제3의 정치를/ 권합니다/ 진중권"이라며 특정 인물에게 정치하기를 권하기도 한다.

국가 정치권력의 최고점에 있는 대통령과 그의 부인, 그리고 국회의원들을 서슴없이 비판하며 현재 정치 현상을 풍자하는 김부자의 의도는 권력자들이 좋은 정치로 잘사는 사회 잘사는 나라를 만들어달라는 애정 어린 주문으로 이해되어야 한다. 시인은 시 「제20대 정부 출범 1주년」에서 우리 사회와 나라를 "비빔밥같이 조화롭게/ 탕평채같이 균형 있게/ 화합과 햇빛의 정치/ 나라의 발전과 국민의/ 안전을 위한 정치를 해주세요" 하고 당부한다.

3.

선량한 시민이자 시인인 김부자는 시집 속의 많은 시편을 통해 사회의 부조리를 비판하고 고발한다. 시 「50억짜리 클럽」에서는 "국회의원을 아버지로 둔 나무꾼/ 불과 5년 근무하고 퇴직금으로/ 50억을 받았다죠/ 국민들은 뇌물이라고 믿고 있다죠"라며 우리 사회에 횡행하는 아빠 찬스를 꼬집는다.

시 「박정희 대통령의 눈물」에서는 유명 건설사가 철근을 빼먹고 지은 부실 공사 아파트를 "순살 돈까스/

순살 치킨/ 순살 아파트/ 순살 3종 세트가 아닙니다"라고 전제하고 "순살 아파트가 웬 말입니까"라며 맹공한다. 시 「저승에서 기자회견을 하다」에서는 "경찰이 서랍 속의 팬티까지/ 손으로 만지면서 수색을 했다"며 권력의 미움을 받은 방송기자의 과분한 수사를 개탄하고 있다.

사회는 일개 개인과 개인이 모여 구성되지만, 집단화된 기득권이 계급을 형성하거나 정치적 동맹을 맺어 민중을 억압하고 착취하며 사회를 파괴한다. 그러면서 사회 갈등이 촉발된다. 사회 갈등은 사회 변혁의 기초가 된다. 변혁이 일어나기 전 시를 비롯한 예술은 사회에 경고한다. 마치 잠수함 속의 토끼처럼 위험하다고 뛰어다닌다. 이런 우리 사회체제에 김부자는 경고장을 날린다. 시인을 짧게 발음하면 신이 된다. 세상을 주목하고 재현하는 시인은 신의 대리자일지도 모른다.

> 세상 귀두가 꽈악 막혔다
> 세상이 각혈을 한다
> 한숨이 밥상에 오르고
> 아이들 웃음소리가 줄어들어
> 소아과 의사들 간판 내린다
>
> 옷깃만 스쳐도 인연이라고 했거늘

소매 깃이라도 스칠까 무서운 세상

선생이 학생과 눈을 못 맞추고
선생이 학부모 눈치 살피는
비상벨이다

(- 중략 -)

지구가 골다공증이다
지구가 동맥경화다
다 씻어 먹어도 물은 못 씻어 먹는다고 했거늘
물에다 오염수를 방류하는 우리
인간은 잔인하다

-「신의 경고장」전문

  1연은 우리 사회의 출산율 문제를 지적한다. 귀두가 막히고 한숨이 밥상에 오르고, 아이들 웃음소리가 줄어들고, 아이를 상대로 하는 소아과병원이 문을 닫는 현상을 진술한다. 대한민국 인구절벽은 세계에서 유례없는 상황이다. 현재 합계출산율은 지난해 3분기 기준 0.7명으로 인구 유지에 필요한 출산율인 2.1명의 반도 안 된다고 한다.

  50년 전만 해도 우리나라의 출산율은 4.5명을 넘었다. 출산 대책을 위해 정부 차원에서도 돈을 퍼부어 노력을 많이 해왔지만 출산율은 개선되지 않고 있다. 일단 자녀를 키우는 데 비용이 많이 들고, 옛날처럼 자녀가 노후 보장의 수단으로 불가하다. 이외에 다양한 이유가 있겠지만, 돈보다 현재의 경제나 사회문화 변화 없이는 출산율 개선이 어려울 것 같다.

  2연에서는 사람과 인연이 무서운 세상임을 암시한다. 데이트 폭력 등 사람과 인연이 어떻게 되돌아올지 모르기 때문이다. 3연에서는 학생들의 인권과 학생과 학부모의 폭력에 휘둘리는 교권 문제, 4연에서는 외교적으로 해결하지 못하는 남북문제, 5연은 환경문제다. 시 「자연은 거짓말을 못 한다」에서 옥수수 알이 으깨지는 고랭지 찰옥수수를 먹으며 이상 기후를 언급한다.

  대한민국 더 나아가 전 인류가 당면한 이런 복합적 문제 발생은 사람이 초래한 것이다. 그래서 인류는 신의 경고장을 받게 될 것이라는 시인의 예언이다.

> 초등학교 선생님을 찾아간 어느 학부모
> 책상을 탕 내리치며
> 나랑 맞짱 한번 뜰래요
> 나는 무기가 많아
> 나는 법조인이야
>
>   -「사필귀정」 부분

한동안 먹거리 가지고 사기를 치더니
이제 집을 담보로 사기를 친다

연립왕 빌라왕 왕자는 아무 데나
왕왕 잘도 붙인다
차라리 狂광 자를 붙여주자

사회초년생 젊은 청춘들이 또
네 명이나 하늘에 달이 되었다
하늘에 별이 되었다

-「순신이 오빠 세상이 왜 이러죠」 부분

 이렇게 정의롭지 않고 타락한 사회다. 시인은 신의 경고장이 도착한 타락한 사회를 구원할 방법으로 평범한 시민의 "자비와 자발"성에 기대하고 있다. 시「일자산 무궁화 아저씨」에 나오는 인물은 10년 동안 약 2만 그루의 무궁화를 심은 사람이다. 대기업 퇴직 후 무궁화 사랑에 푹 빠졌던 인물은 "여름 내내 지고 피고 피고 지"는 무궁화를 통해 "지나는 사람 모두가 미소"지으며 행복하게 한다.

 시인은 시민 "한 개인의 작은 관심과 사랑에/ 강동구 주민들 마음까지/ 환해졌다네// 세상 한 모퉁이가 환해졌다네"라며 상찬한다. 그 나라 사회와 정치는 그 나라 국민의 수준이라는 말이 있다. 시민의 민도가 사회제도와 정치행태를 결정한다는 말이다. 시인은 시의 주인공 무궁화 아저씨를 통해 한 사람 한 사람이 사회 한 모퉁이를 밝혀 온 사회가 환하게 바뀌길 바라고 있다.

4.

 진자 고모한테 "탤런트처럼/ 예쁘다"(「진자 고모」)는 말을 들었던 김부자는 "생계란처럼 약하고 꽃처럼 순한"(「여당과 야당만도 못한 사이」) 시인이다. 시 「주말 오후」에서 보여주듯 "부부가 도란도란/ 아이들이 까르르 분홍 웃음을 웃는 소리"를 좋아하고, "커튼 밑자락으로 빼꼼히 비친/ 여우볕 한 조각 연두색/ 바람 따라 살랑살랑 그네를" 타는 공간에서 평범한 일상을 보내는 것을 행복으로 아는 여성이다.

 그런데 억울하다고 한다. 그는 시 「억울한 사람」에서 "강동구에서 가장/ 억울한 사람은/ 나// 여의도 정치판에서/ 가장 억울한 사람은/ 너"라고 한다. 정치적 경쟁에서 희생된 조국의 억울함을 대변하기 위한 수사이기는 하지만, 억울함의 층위는 두 인물이 다르다. 나는 개인사적인 억울함이고. 너는 정치적 경쟁에서 희생당한 인물의 억울함이다. 여러 편의 시에서 김부자의 아픔과 억울함을 짐작하게 하는 화소들을 발견할 수 있다.

아비 러브버그 딸 러브버그

꽃과 나비 되어 선과 악 사이

천국과 지옥을 아슬아슬하고

그 미묘한 임계선을 광대가

칼춤 추듯 넘나드는 것을

나는 다 알고 있었다

- 「러브버그」 전문

갈대 위에 올려놓고

감나무 흔들어대듯 인정사정없이

흔들어댈 때는

필시 그만한 까닭이 있을 것이다

태양 궤도 60번 돌아 지구의

어둠 걷히고 광대한 우주에

달이 뜨니 엿장수 가위질 바빠지고

초록 구름이 목을 축인다

- 「필시」 전문

 매우 가정사적인 영역을 형상한 이 시는 의미가 잘 드러나지는 않지만, 시 안에 엄청난 억울함과 아픔이 내재되어 있음을 알 수 있다. 시 「러브버그」에서 아비와 딸이 러브버그가 되고 꽃과 나비가 된다. 부녀간에도 임계선이 있다. 그런데 부녀가 임계선을 광대가 칼춤 추듯이 넘나드는 것을 알고 있으니 보통 억울한 게 아니다.

시 「필시」는 앞의 시에서 화자가 언명한 '러브버그' 부녀가 화자를 "갈대 위에 올려놓고/ 감나무 흔들어대듯 인정사정없이/ 흔들어" 대는 이유를 알 것 같다고 한다. 부녀간에 반드시 그만한 까닭이 있어서, 그것을 가리기 위해 그랬을 것이라는 추정이다. 시의 후미 4행은 크게 깨친 스님이 깨달음을 선어로 옮긴 것과 같다. 차마 오랜 억울함과 아픔이 초래한 심리적 외상이 이런 추상적 표현으로 나타나는 것이다.

김부자의 시는 아프다. 개인의 경험을 농축한 시든, 사회를 비평한 시든, 정치를 풍자한 시든 할 것 없이 모두 아픔을 동반한다. 시인이 아픈 것은 세상이 아프기 때문이다. 그래서 세상이 아플수록 시인에게는 행운이라는 말도 있다. 위대한 시인은 아픈 사회에서, 아픈 국가에서, 격변하는 아픈 세상에서 태어난다. 아래 시 5행이 주는 의미가 크고 아프다.

  시가

  아프다

  시가

암은 아니겠지

감기몸살이겠지

-「아픈 시」 전문

나무뱀이 하늘을 날 수 있다는 것을
알고 있소들
나무뱀이 하늘을 맘껏 날 수 있는 것은
절박함 때문이라는 걸
알고 있소들

새는 노래하는 게 아니라는 것
너는 아느냐
새는 우는 게 아니라는 것
너는 아느냐

새가 말을 할 수 있는 것은
절박함 때문이라는 것
너는 아느냐
아픈 곳이 없는데 아프다

-「너는 아느냐」 전문

  시인의 아픔은 암이 아닐 것이다. 다행히도 감기몸살이라면 죽는 병이 아니니 안심이다. 감기몸살은 사망률 몇 퍼센트로 사망 확률을 따지는 암처럼 치명적

이지 않다. 감기몸살은 극복하는 과정에서 건강해야겠다는 자각과 자신을 잘 관리해 미래에는 더 건강해야겠다는 결심을 하게 할 수도 있다. 시인은 자신의 몸으로 오는 아픔을 감지하고 문장으로 객관화한다. 객관화는 건강을 회복하려는 의지다.

시 「여당과 야당만도 못한 사이」에서 시인은 자신을 "생계란처럼 약하고 꽃처럼 순한/ 여자였는데 독사로 변했습니다/ 이제는 미안하다는 말도 할 수가 없습니다/ 독사는 나를 잡아먹고 말 겁니다"라고 억울함과 아픔이 누적되어 '독사'로 변해 자아를 잡아먹을 것이라고 예언한다. 이미 "괴물이 되어 무간지옥행 열차를 탔"다고 한다.

이처럼 억울함과 아픔이 누적되면 사람은 어떤 절박한 상황과 마주하게 된다. 이 절박한 상황은 아이를 구하려 불 속에 뛰어드는 엄마와 같다. 자식을 구하려 물속에 뛰어드는 아빠와 같다. 천적을 피해 나무에서 뛰어내리는 뱀과 같다. 나무뱀이 하늘을 날 수 있다는 것과 새가 노래하는 것이 절박함 때문이라고 한다. 그래서 시인은 "아픈 곳이 없는데 아프다"며 자신의 절박성을 절규한다.

5.

　천성이 착하고 순박하며 사물의 현상을 세밀하게 감지하는 김부자는 정치에 대한 관심과 정치인에 대한 세밀한 정보를 파악해 시를 구성하는 능력이 타고났다. 그는 시 「삶은 정치다」에서 "삶이 무엇이냐고/ 물어도 알 만한/ 사람이 없을 것 같아서// 바람에게 물었다/ 삶은/ 정치 같은 것이란다// 그래/ 삶은 정치다"라고 한다. 정치에 대한 오랜 사유 속에서 얻은 명답이다.

　눈이 밝고 정의로운 김부자 시인은 시집의 많은 분량을 할애해 시민의 삶을 훼손하고 국가의 존망을 가볍게 여겨 자신의 이익에 급급한 권력자들을 비판한다. 일부 정치권력자들의 행패로 일그러진 사회현상을 비판하고 조소하고 풍자하는 김부자의 노력은 우리 사회를 통합해보려는 선한 의지 때문이다.

　시 「육행시 대한민국 만세」에 김부자가 사회정치적 주제를 시에 가져다 쓰는 이유가 잘 드러나 있다. 그는 "대!/ 대한민국에는 좋은 정치인은 없지만/ 좋은 과학자도 있고 좋은 기부자도 있고/ 손흥민 같은 든든한 선수도 있다"고 긍정한다. 또, "세!/ 세상에서 살기 좋은 나라/ 깨끗한 나라/ 부패 없는 나라/ 아이 낳아 키우기 좋은 나라/ 모두가 잘사는 나라 만들어/ 후손에게 잘 물려주세/ 자랑스럽게 잘 물려주세"라고 강조한다.

김부자는 시에서 이 나라 정치가 바로잡히고 인심이 푸근해져 세상에서 모든 사람이 인정의 "향기로 마음에 주름 펴"지길 바란다. 그는 어머니 눈을 빌려 "요즘같이 좋은 세상에 살면서도/ 만족을 모르는 안타까운 요즘 사람들/ 안타까운 요즘 현실"(「내 어머니」)이라고 개탄한다. 불필요한 욕망을 자제하고 "평범한 일상이" 행복한 '수'를 놓으며 "눈부시게 늙어"가라는 어머니의 말씀을 독자들에게 들려주고 있다.